පොලිකාප්

පිලිප්පිවරුන්ට යවන ලද පොලිකාප්තුමාගේ ලිපිය
සහා පොලිකාප්තුමාගේ ප්‍රාණ පරිත්‍යාගය

Polycarp
The Letter of Polycarp to the Philippians,
and the Martyrdom of Polycarp in Sinhala

2025

S A L M

SouthAsiaLutheranMission.com

පොලිකාප්තුමා විසින් පිලිප්පිවරුන්ට යවන ලද ලිපිය

සුබපැතුම්

පොලිකාප් සහ එතුමා සමඟ සිටින වැඩිමහල්ලන් විසින් පිලිප්පියෙහි වාසය කරන දෙවියන් වහන්සේගේ සභාවට: සර්වබලධාරි දෙවියන් වහන්සේගෙන් සහ අපගේ ගැළවුම්කරුවාණන්, ස්වාමීන් වන යේසුස් ක්‍රිස්තුස් වහන්සේගෙන් ඔබලාට දයාවත් සමාදනයත් වැඩි වේවා.

1 වන පරිච්ඡේදය

පිලිප්පිවරුන්ට ප්‍රශංසා කිරීම

ඔබ සැබෑ ප්‍රේමයේ ආදර්ශය (දෙවියන් වහන්සේ විසින් පෙන්වන ලද පරිදි) අනුගමනය කර ඇති බැවින් අපගේ ස්වාමි වූ යේසුස් ක්‍රිස්තුස් වහන්සේ තුළ මම ඔබ සමඟ බොහෝ සෙයින් ප්‍රීති වෙමි. එසේම ඔබ මෙන්ම සාන්තුවරයන්ට සුදුසු ආභරණ වන යදම්වලින් බැඳ ඇති අයට ඒවා සැබවින්ම දෙවියන් වහන්සේගේ සහ අපගේ ස්වාමින් වහන්සේගේ සැබෑ තෝරාගත් අයගේ ඔටුනු මෙන් වේ. එසේම පිලිප්පි 1: 5 කතා කර ඇති ඔබේ ඇදහිල්ලේ ශක්තිමත් මුල් නිසා, බොහෝ කල් ගත වී ඇති වුවද, අද දක්වා එය විඳ දරාගෙන සිටින්නෙහිය. එසේ ඔබ *අපගේ පාප නිසා මරණය දක්වා දුක් විඳි අපගේ ස්වාමීන් වන යේසුස් ක්‍රිස්තුන් වහන්සේට ඵල උපදවන්නෙහිය. එහෙත් දෙවියන් වහන්සේ සොහොනේ යදම් මුද උන් වහන්සේ මළවුන්ගෙන් නැඟිටෙවූ සේක. දැන් ඔබ උන් වහන්සේ නොදුටු නමුත්, උන් වහන්සේ තුළ ඔබ විශ්වාස කරන්නෙහිය. එසේ විශ්වාස කිරීමෙන් කිව නොහැකි තරම් වූ ප්‍රීතියකින් ප්‍රීති වන්නහුය.* 1 පේදුරු 1: 9. බොහෝදෙනෙක් එම ප්‍රීතට ඇතුළු වීමට ආශාවෙන් සිටිති. *ක්‍රියාවලින් නොව අනුග්‍රහයෙන් ඔබ ගැලවීම ලැබූ බව දැනගෙන* එපීස 2: 8-9, එය යේසුස් ක්‍රිස්තුස් වහන්සේ තුළින් දෙවියන් වහන්සේගේ කැමැත්තෙන් සිදු වී ඇත.

2 වන පරිච්ඡේදය

ගුණධර්ම සඳහා අනුශාසනාවක්

එබැවින්, ඔබේ ඉගපටිය බැඳගෙන, 1 පේදුරු 1:13; එපීස 6:14 *භයෙනුත් සැබෑකමෙනුත් සමිඳාණන් වහන්සේට සේවය කරන්න."* සමහරුන් මෙන්, නිෂ්ඵල, හිස් කතා හා බොහෝ දෙනෙකුගේ වැරදි දේවල් අත්හැර, *අපගේ ස්වාමි වූ යේසුස් ක්‍රිස්තුන් වහන්සේ මළවුන්ගෙන් උත්ථාන කොට, උන් වහන්සේට මහිමය දුන් තැනැන් වහන්සේ විශ්වාස කළ* 1 පේදුරු 1:21 සහ ඔහුගේ දකුණුපස සිංහාසනයක් ලබා දුන්නා වූ තැනැන් වහන්සේ විශ්වාස කරන්න. 1 පේදුරු 3:22; පිලිප්පි 2:10 ස්වර්ගයේ හා පොළොවේ සියලු දේම උන් වහන්සේට යටත්ය. සියලුම ආත්මයෝ උන්වහන්සේ සේවය කරති. උන්වහන්සේ ජීවත්ව සිටින අයගේ හා මළවුන්ගේ විනිශ්චයකරුවාණන් ලෙසෙ පැමිණෙන සේක. ක්‍රියා 17:31

උන්වහන්සේ විශ්වාස නොකරන අයගෙන් දෙවියන් වහන්සේ උන්වහන්සේගේ රුධිරය ඉල්ලා සිටිනු ඇත. එහෙත් උන් වහන්සේ මළවුන්ගෙන් උත්ථාන කළ තැනැන් වහන්සේ අප උන්වහන්සේගේ කැමැත්ත කළහොත්, උන් වහන්සේගේ ආඥා අනුව ගමන් කළහොත්, උන්වහන්සේට ප්‍රේම කළ දෙයට ප්‍රේම කරනවා නම්, සියලු අධර්මිෂ්ඨකමින්, තණ්හාව, මුදලට ඇති ආදරය, නපුරු කතා, බොරු සාක්ෂිවලින් සහ *නපුරට නපුර කිරීමෙන් වැළකී සිටිනවා නම්;* 1 පේදුරු 3: 9, නැතිනම් එකට එක කිරීම, පහරට පහර දීම හෝ ශාප කිරීමට ශාප කිරීම නොකරනවා නම්, අප ද මළවුන්ගෙන් උත්ථාන කරනු ඇත. එසේ ස්වාමින් වහන්සේ සිය ඉගැන්වීමේදී පැවසූ දේ පිළිබඳ සිහියෙන් යුක්තව සිටිය යුතුයි. *ඔබ විනිශ්චයට පත් නොකරන පිණිස විනිශ්චය නොකරන්න.* මතෙව් 7: 1 *සමාව දෙන්න, එවිට ඔබට සමාව ලැබේ. ඔබට කරුණාව ලැබෙන පිණිස කරුණාවන්ත වන්න,* ලූක් 6:36. *ඔබ මනින මිනුමෙන්ම නැවත ඔබ ද මනිනු ලැබේ.* මතෙව් 7: 2; ලූක් 6:38. *එසේම දිළින්දෝ භාග්‍යවන්තයෝය. ධර්මිෂ්ඨකම නිසා පීඩාවට පත් වන අය භාග්‍යවන්තයෝය. මක්නිසාද දෙවියන් වහන්සේගේ රාජ්‍යය ඔවුන්ගේය.*

3 වන පරිච්ඡේදය

පෞද්ගලික නුසුදුසුකම ප්‍රකාශ කිරීම

සහෝදරවරුනි, ධර්මිෂ්ඨකම ගැන මේ දේවල් මම ඔබට ලියන්නේ, මට කිසිවක් ලැබෙන නිසා නොව, එසේ කිරීමට ඔබ මට ආරාධනා කළ නිසාය. මක්නිසාද ආශීර්වාද ලත් හා මහිමයට පත් පාවුලුතුමාගේ ප්‍රඥාවේ මට්ටමට මට 2 පේදුරු 3: 15 හෝ වෙනත් කිසිවෙකුට ළඟා විය නොහැකිය. ඔහු, ඔබ අතර සිටින විට, එවකට ජීවත්ව සිටි අය ඉදිරියේ සත්‍ය වචනය නිවැරදිව හා ස්ථිර ලෙස ඉගැන්විය. ඔහු ඔබෙන් ඉවත්ව සිටින විට, ඔබට ලිපියක් ලියා ඇති අතර, ඔබ හොඳින් අධ්‍යයනය කළහොත්, ඔබට ලබා දී ඇති ඇදහිල්ල තුළ සහ එයින් ඇති වන බලාපොරොත්තුව සහ දෙවියන් වහන්සේ සහ ක්‍රිස්තුස් වහන්සේ මෙන්ම අපගේ *අසල්වැසියා අප සියල්ලන්ගේම මාතාව* වෙත වූ ප්‍රේමය ඔබ තුළ ගොඩනැගීම උදෙසා එය ඉවහල් වන බව පැහැදිලිය. ගලාති 4:26. මක්නිසාද යමෙකුට මේ අනුග්‍රහය ඇතුළාන්තයේ පවතී නම්, ඔහු ධර්මිෂ්ඨකමේ ආඥාව සම්පූර්ණ කර ඇත. මක්නිසාදයත් ප්‍රේමය ඇති තැනැත්තා සියලුම පාපවලින් ඉවත්ව සිටින බැවිනි.

4 වන පරිච්ඡේදය

විවිධ අනුශාසනා

"මුදල් තණ්හාව සෑම නපුරට මුල ය." 1 තිමෝති 6:10. ඒ බව දැනගෙන, අප මෙලොවට පැමිණියේ හිස් අතිනි. හිස් අතින් එය හැර යන්නට ද ඕනෑ ය. 1 තිමෝති 6: 7. අපි ධර්මිෂ්ඨකමේ සන්නාහයෙන් සන්නද්ධ වෙමු. එපීස 6:11. එසේම, සියල්ලට පළමුවෙන්, ස්වාමින් වහන්සේගේ ආඥාවලට අනුකූලව ගමන් කිරීමට අපි අපට උගන්වමු. ඊළඟට, ඔබේ භාර්යාවන්ට ලබා දී ඇති ඇදහිල්ලෙන් හා ප්‍රේමයෙන් හා නිර්මලකමින් ගමන් කිරීමටත්, තමාගේ ස්වාමිපුරුෂයන්ට සියලු ආකාරයේ සැබෑකමින් යුක්තව මුදු මොළොක් ලෙස ප්‍රේම කරන්නටත්, අනෙකුත් සියලු දෙනාට එක සමානව සලකමින් ප්‍රේම කිරීමටත් උගන්වමු. එසේම දෙවියන් වහන්සේ පිළිබඳ දැනුමින් සහ උන් වහන්සේ කෙරෙහි බියෙන් සිටින පිණිස තම දරුවන් පුහුණු කළ යුතුය. ස්වාමින් වහන්සේ තුළ ඇදහීමෙන් යුක්තව නොකඩව යාච්ඤා කරමින්, ගෞරව ලැබීමට සුදුසු පරිදි හැසිරීමට වැන්දඹුවන්ට උගන්වන්න. 1 තෙසලෝනික 5:17. ඔවුන් දෙවියන් වහන්සේගේ පූජාසනය බවත්, උන් වහන්සේ සියල්ල පැහැදිලිව දකින බවත්, කිසිම තර්කයක්, ඡායාවක් හෝ හදවතේ ඇති කිසිම රහසක් උන් වහන්සේගෙන් සැඟවී නැති බවත් දැනගෙන සියලු ආකාර අපහාස කිරීම්, නපුරු කතා, බොරු සාක්ෂි දැරීම, මුදල් කෙරෙහි ඇති ආලය සහ සෑම ආකාරයකම නපුරෙන් ඉවත්ව සිටීමට සියලු දෙනාටම උගන්වන්න.

5 වන පරිච්ඡේදය

උපස්ථායකවරුන්, තරුණයින් සහ කන්‍යාවන්ගේ යුතුකම්

"දෙවියන් වහන්සේට සරදම් කළ නොහැකි බව" දැනෙගන, ගලාති 6: 7 අප උන් වහන්සේගේ ආඥාවලට හා මහිමයට ගැළපෙන ලෙස ගමන් කළ යුතුය. ඒ ආකාරයටම උපස්ථායකයන් මනුෂ්‍යයින්ගේ නොව, දෙවියන් වහන්සේගේ සහ ක්‍රිස්තුස් වහන්සේගේ සේවකයින් ලෙස දෙවියන් වහන්සේගේ ධර්මිෂ්ඨභාවය ඉදිරියේ නිර්දෝෂී අය විය යුතුය. ඔවුහු අපහාස නොකරන, සත්‍ය කතා කරන, 1 තිමෝති 3: 8. මුදල්වලට ඇලුම් නොකරන අය විය යුතුය. එහෙත් සියල්ලෙහිදි ඉවසිලිවන්ත, දයානුකම්පිත, කඩිසර, ස්වාමින්වහන්සේගේ සත්‍යයට අනුව ගමන් කරන, සියල්ලන්ගේම සේවකයා වූ මතෙව් 20:28

කෙනෙකු විය යුතුය. මේ ලෝකයේදී අපි උන් වහන්සේට ප්‍රසන්න ලෙස ජීවත් වන්නෙමු නම්, අපට අනාගත ලෝකය ද ලැබෙනු ඇත. මක්නිසාදයත් උන් වහන්සේ අප මළවුන්ගෙන් උත්ථාන කරන බවට පොරොන්දු වී ඇති නිසාය. "*එසේම අපි උන් වහන්සේට සුදුසු පරිදි ජීවත් වන්නෙමු නම්, අපි උන් වහන්සේ සමඟ රජකම් කරන්නෙමුව.*" 2 තිමෝති 2:12. එය ලැබෙනුයේ අප විශ්වාස කරන්නේ නම් පමණි. ඒ හා සමානව, තරුණයින් ද සෑම දෙයකදීම නිර්දෝෂී විය යුතුය, විශේෂයෙන්ම පාරිශුද්ධත්වය ආරක්ෂා කර ගැනීම පිළිබඳ සැලකිලිමත් වන්න.එසේම සෑම ආකාරයකම නපුරකින් මිදීම උදෙසා සීමාවක් තබා ගන්න. මක්නිසාද "*සෑම තෘෂ්ණාවක්ම ආත්මයට විරුද්ධව යුද්ධ කරන බැවින්,*" ලෝකයේ පවතින තෘෂ්ණාවලින් ඔවුන් වෙන් වී සිටිය යුතු වේ. 1 පේදුරු 2:11. "*වේශ්‍යාකම් කරන්නන්, නින්ද කරන්නන් හෝ පිරිමින් සමඟ අනාචාරයේ යෙදෙන්නන්ට*" 1කොරින්ති 6: 9-10 හෝ නොගැළපෙන ආකාරයට ජීවත් වන අයට දෙවියන් වහන්සේගේ රාජ්‍යය උරුම වන්නේ නැත. එමනිසා, දෙවියන් වහන්සේට හා ක්‍රිස්තුස් වහන්සේට මෙන් වැඩිමහල්ලන් සහ උපස්ථායකයින්ට යටත්ව, මේ ආකාර වූ සියලුම දේවලින් වැළකී සිටිය යුතුය. කන්‍යාවන් ද නිර්දෝෂී හා පිරිසිදු හෘදයසාක්ෂියක් ඇතුව ජීවත් විය යුතුය.

6 වන පරිච්ඡේදය

වැඩිමහල්ලන්ගේ සහ අනෙකුත් අයගේ වගකීම්

තවද, වැඩිමහල්ලන් සැමට දයානුකම්පාවෙන් හා කරුණාවෙන් යුක්තව, මංමුළා වූවන් නැවත ගෙනෙමින්, සියලු රෝගීන් බලන්නට යමින්, වැන්දඹුන්, අනාථයින් හෝ දුප්පතුන් නොසලකා නොහැර *දෙවියන් වහන්සේ හා මනුෂ්‍යයා ඉදිරියෙහි පෙනී සිටීමට සුදුසු අය* විය යුතුය. රෝම 12:17; 2 කොරින්ති 8:31. අප සියල්ලන්ම පාපයේ ණය බරකට යටත්ව සිටින බව දැනගෙන සියලු උදහසින් වැළකී සිටීම, පුද්ගලයන්ට ගරු කිරීම සහ අයුක්ති සහගත විනිශ්චය නොකිරීම; සියලු තණ්හාවෙන් දුරස්ව සිටීම, කිසිවෙකු ගැන ඉක්මනින් ගණන් තැබීමක් නපුරු වාර්තාවක්) නොකිරීම, දැඩි ලෙස විනිශ්චය නොකිරීම අවශ්‍ය වේ. අපට සමාව දෙන ලෙස අපි ස්වාමීන් වහන්සේගෙන් අයදින්නෙමු නම්, අපත් අන්‍යයන්ට සමාව දිය යුතුය. මතෙව් 6: 12-14. මක්නිසාද අප අපගේ ස්වාමීන් වහන්සේගේ හා දෙවියන් වහන්සේගේ ඇස් ඉදිරිපිට සිටින බැවින්, අප සියල්ලන්ම *ක්‍රිස්තුස් වහන්සේගේ විනිශ්චයාසනයෙහි පෙනී සිටිය යුතු බැවින් සහ සෑම කෙනෙකුම තමා ගැනම ගණන් දිය යුතු බැවින්ය.* රෝම

14: 10-12; 2 කොරින්ති 5:10. එසේ නම් දෙවියන් වහන්සේම අපට ආඥා කර ඇති පරිදි, සහ අපෝස්තුළුවරුන් විසින් අපට ශුභාරංචිය දේශනා කරනු ලැබූ පරිදි එමෙන්ම ස්වාමින් වහන්සේගේ පැමිණීමට පෙර දිව්‍යසිවරුන් විසින් අපට ප්‍රකාශ කරනු ලැබූ පරිදි (එක හා සමානව අපට ඉගැන්නු පරිදි) අපි උන් වහන්සේට බියෙන් සහ සියලු ගෞරවයෙන් යුක්තව සේවය කරමු. විරුද්ධවාදීන්ගෙන්, බොරු සහෝදරයින්ගෙන් සහ ස්වාමින් වහන්සේගේ නාමය වංචාවෙන් දරන අයගෙන් සහ නිෂ්ඵල ලෙස මිනිසුන් බොරු දේවලට අදින අයගෙන් ඉවත්ව සිට, අපි යහපත් දේ ලුහුබැඳීම සම්බන්ධයෙන් ජ්වලිතව සිටිමු.

7 වන පරිච්ඡේදය

වංචාවෙන් වළකින්න, නිරාහාර යාච්ඤාවේ නොකඩව පවතින්න

මක්නිසාද යේසුස් ක්‍රිස්තු වහන්සේ මාංසවත් වූ බව ප්‍රකාශ නොකරන යමෙක් වේද, ඔහු අන්ත ක්‍රිස්තුස් වේ. 1 යොහන් 4: 3. එසේම යමෙක් කුරුසියේ සාක්ෂිය ප්‍රකාශ නොකරන්නේ නම් ඔහු යක්ෂයාගෙන්ය; එමෙන්ම යමෙක් ස්වාමින් වහන්සේගේ ඉගැන්වීම් තම තෘෂ්ණාවන්ට අවශ්‍ය පරිදි හරවා නැවත නැඟිටීමක් හෝ විනිශ්චයක් නැතැයි කියන්නේ නම්, ඔහු සාතන්ගේ කුලුඳුලා වේ. එමනිසා, බොහෝදෙනෙකුගේ නිෂ්ඵලකම සහ ඔවුන්ගේ ව්‍යාජ ඉගැන්වීම් අත්හැර දමා, 1 පේදුරු 4: 7 "*යාච්ඤාවෙන් යුක්තව,*" නිරාහාරව සිටිමින් ආරම්භයේ සිටම අපට භාර දී ඇති වචනය වෙත නැවත හැරෙමු. යූද් 3. ස්වාමින් වහන්සේ පැවසූ ආකාරයට "*අප පරීක්ෂාවට නොපමුණුවන පිණිසත්,*" අපගේ අවශ්‍යතා සැපයීම පිණිසත් සියල්ල දකින දෙවියන් වහන්සේ දෙස බලමු. මතෙව් 6:13; මතෙව් 26:41. "*ආත්මය සැබවින්ම කැමැත්තෙන් සිටින නමුත්, මාංසය දුර්වලය.*" මතෙව් 26:41; මාර්ක් 14:38.

8 වන පරිච්ඡේදය

බලාපොරොත්තුව හා ඉවසීමෙහි නොකඩව පවතින්න

එසේ නම්, අපි අපගේ බලාපොරොත්තුවෙහි සහ අපගේ පාප උසුලා ගත් යේසුස් ක්‍රිස්තුස් වහන්සේ වන අපගේ ධර්මිෂ්ඨකමෙහි ස්ථිරව නොකඩවම නොපසුබටව සිටිමු. කිසි පාපයක් නොකළ, තමන්ගේ මුඛයේ කිසි වංචාවක් හමු නොවූ උන් වහන්සේගේ ශරීරය කුරුසියෙහි විය. 1 පේදුරු 2:24; 1 පේදුරු 2: 22. එහෙත් අප උදෙසා අප උන් වහන්සේ තුළ ජීවත් වන පිණිස සියල්ල විඳ දරාගත්සේක. 1 යොහන් 4: 9. එසේ නම් අපි උන් වහන්සේගේ ඉවසීම අනුකරණය කරමු. උන් වහන්සේගේ නාමය නිසා අපි දුක් විඳින්නෙමු නම්, ක්‍රියා 5:41; 1 පේදුරු 4:16 අපි උන් වහන්සේ මහිමයට පත් කරමු. මක්නිසාද උන් වහන්සේ අපට මෙම ආදර්ශය 1 පේදුරු 2:21 උන් වහන්සේ තුළම දී ඇත. එය එසේ යැයි අපි විශ්වාස කළෙමු.

9 වන පරිච්ඡේදය

ඉවසීම සිතට කාවද්ද ඇත

එබැවින් ධර්මිෂ්ඨකමේ වචනයට කීකරු වීමට කැපවන ලෙසත්, ඔබේ ඇස්වලින් ඔබ දැක ඇති (ආදර්ශය) පරිදි සියලු ආකාර ඉවසිලිවන්තකමෙන් යුක්තව සිටින පිණිසත්, ආශීර්වාද ලත් ඉග්නේෂස්, සොසිමස් සහ රූෆස් යන අය තුළ පමණක් නොව, ඔබ සමග සිටිනඅය අතරත්, පාවුලුතුමා තුළත්, අනෙක් ප්‍රේරිතයන් තුළ පැවති ඉවසීම අනුගමනය කිරීමට අනුශාසනා කරමි. මෙය) පිලිප්පි 2:16; ගලාති 2: 2 නිෂ්ඵල ලෙස දිවීමක් ලෙස නොව, එහෙත් ඇදහිල්ලෙන් හා ධර්මිෂ්ඨකමේ සහතිකයෙන් යුක්තව සිදු කරන්න. එසේ ඔවුහු ද දුක් විඳි අය සමග දැන් ස්වාමින් වහන්සේ ඉදිරියෙහි තමන්ට නියමිත ස්ථානයේ සිටින්නහුය. මක්නිසාද ඔව්හු මේ වර්තමාන ලෝකයට නොව, අප උදෙසා මැරුණු එසේම අප උදෙසා දෙවියන් වහන්සේ විසින් නැවත නැගිටුවනු ලැබූ තැනැන්වහන්සේ ප්‍රේම කළෝය.

10 වන පරිච්ඡේදය

ගුණධර්ම පිළිපැදීමට අනුශාසනා කිරීම

එබැවින් මේ කාරණාවලදී ස්ථිරව සිට ඇදහිල්ලෙහි ස්ථිරව හා වෙනස් නොවී,ස්වාමින් වහන්සේගේ ආදර්ශය අනුගමනය කරන්න, සහෝදරයින්ට ප්‍රේම කරන්න, 1 පේදුරු 2:17. එසේම එකිනෙකා සමඟ බැඳී, සත්‍යය තුළ එකතු කරනු ලැබ, එකිනෙකා සමඟ ක්‍රියා කිරීමේදී ස්වාමින් වහන්සේගේ නිහතමානී බව ප්‍රදර්ශනය කරන්න, කිසිවෙකු හෙළා නොදකින්න. ඔබට යහපත කළ හැකි විට, එය අතපසු නොකරන්න, මක්නිසාදයත් *"දන් දීම මගින් මරණයෙන් මිදෙන බැවිනි."* තෝබිත් 4:10, තෝබිත්12: 9 *"අන්‍යජාතීන් අතර ඔබේ හැසිරීම නිර්දෝෂීව පවත්වා ගනිමින්,"* 1 පේදුරු 2:12 ඔබ සියල්ලන්ම එකිනෙකාට යටත් වන්න. 1 පේදුරු 5: 5. මක්නිසාදයත් එවිට ඔබගේ යහපත් ක්‍රියා ගැන ප්‍රශංසා ලැබීමටත් ඔබ තුළින් ස්වාමින් වහන්සේට අපහාස නොවීමටත් එය හේතු වේ. එහෙත් ස්වාමින් වහන්සේගේ නාමයට අපහාස කළ තැනැත්තාට දුක් වේ! යෙසායා 52: 5. එබැවින් සියල්ලන්ටම සන්සුන් බව උගන්වන්න. එසේම එය ඔබේම හැසිරීමෙන් ද විදහා දක්වන්න.

11 වන පරිච්ඡේදය

වැලෙන්ස් වෙනුවෙන් ශෝකය ප්‍රකාශ කිරීම

කලක් ඔබ අතර වැඩිමහල්ලෙකු වූ වැලන්ස් ගැන මම බොහෝ සේ දුක් වෙමි. මක්නිසාදයත් සභාවේ) ඔහුට ලබා දුන් ස්ථානය ගැන ඔහුට එතරම් අවබෝධයක් නොවීය. එබැවින් ඔබ *"සියලු ආකාර නපුරෙන් වැළකී,"* නිර්මල හා සත්‍යවාදී වන්නැයි මම ඔබට අනුශාසනා කරමි. " 1 තෙසලෝනික 5:22. මක්නිසාද මිනිසෙකුට එවැනි කාරණාවලදී තමාම පාලනය කළ නොහැකි නම්, ඔහු අනෙක් අයට අණ කරන්නේ කෙසේද? මිනිසෙකු වංචාවෙන් වැළකී නොසිටින්නේ නම්, ඔහු රූප වන්දනාවෙන් අපවිත්‍ර වී විජාතීන්ගෙන් කෙනෙකු ලෙස විනිශ්චයට පත් කරනු ලැබේ. එහෙත් ස්වාමින් වහන්සේගේ විනිශ්චය ගැන නොදැන සිටින්නේ අප අතරින් කවරෙක්ද? පාවුලුතුමා උගන්වන පරිදි *"ශුද්ධවන්තයින් ලෝකය විනිශ්චය කරන බව අපි නොදනිමුද?"* 1කොරින්ති 6: 2 ආශීර්වාද ලත් පාවුලුතුමා වෙහෙස මහන්සි වී වැඩ කළ සහ ඔහුගේ ලිපියේ ආරම්භයේදී ප්‍රශංසා කරන ලද ඔබ අතර එවැනි දෙයක් මා දැක

හෝ අසා හෝ නැත. මක්නිසාදයත්, එවකට තිබූ සභා අතරින් ස්වාමින් වහන්සේ දැන සිටි එකම සභාව ලෙස ඔහු ගැන ඔබ ආඩම්බරයෙන් කතා කරයි. එහෙත් ස්මර්ණාහි) අපි ඔහු දැන නොසිටියෙමු. එබැවින් සහෝදරවරුනි, ස්වාමින් වහන්සේ සැබෑ පසුතැවිල්ල ලබා දුන් ඔහු (වැලන්ස්) සහ ඔහුගේ බිරිඳ ගැන මම අතිශයින් ශෝක වෙමි. මේ කාරණය සම්බන්ධයෙන් මධ්‍යස්ථව සිටින්න, *"එවන් වූ අය සතුරන් ලෙස ගණන් නොගන්න,"* 2 තෙසලෝනික 3:15. එහෙත් ඔබ ඔබගේ සම්පූර්ණ ශරීරයම ගළවා ගැනීම පිණිස,දුක් විඳින හා නොමඟ ගිය සාමාජිකයන් ලෙස ඔවුන් නැවත කැඳවන්න. මක්නිසාදයත් එසේ ක්‍රියා කිරීමෙන් ඔබ වර්ධනය වන්නහුය. 1 කොරින්ති 12:26.

12 වන පරිච්ඡේදය

විවිධ අනුග්‍රහයන්ට අනුශාසනා කිරීම

මක්නිසාද ඔබට ශුද්ධ ලියවිල්ල පිළිබඳ මනා දැනුමක් ඇති බවත් කිසිවක් ඔබෙන් සඟවා නැති බවත් මම විශ්වාස කරමි. එහෙත් මට මෙම වරප්‍රසාදය තවමත් ලබා දී නැත. එම නිසා ශුද්ධ ලියවිල්ලෙහි මෙසේ ප්‍රකාශ කර ඇත.*කෝප වුණත් පව් නොකරන්න, ඉර බසින තුරු ඔබේ කෝපය පවතින්නට ඉඩ නොහරින්න.* එපීස 4:26. මෙය සිහිපත් කරන තැනැත්තා සන්තෝෂයෙන් සිටියි. මක්නිසාදයත් ඔබට ඇති ප්‍රශ්නය එය යැයි මා විශ්වාස කරන බැවිනි. එහෙත් අපගේ ස්වාමින් වන යේසුස් ක්‍රිස්තුස් වහන්සේගේ පියාණන් වන දෙවියන් වහන්සේ, එසේම දෙවියන් වහන්සේගේ පුත්‍ර වූ සහ අපගේ සදාකාලික උත්තම පූජකයා වන යේසුස් ක්‍රිස්තුස් වහන්සේ, ඇදහිල්ලෙන් හා සත්‍යයෙන් ද, සියලු මෘදුකමින්, නිහතමානීකමින්, ඉවසීමෙන්, දෑඩි උත්සාහවන්තකමෙන් ද නිර්මල බවින් ද ඔබ ගොඩනගන සේක්වා. එසේම උන් වහන්සේගේ තමන් වහන්සේගේ ශුද්ධවන්තයින් අතර ඔබටත්, එසේම ඔබ සමග අපටත් එසේම ස්වර්ගයෙන් යට සිටින ස්වාමින් වන යේසුස් ක්‍රිස්තුස් වහන්සේ සහ උන් වහන්සේ "*මරණයෙන් නැගිටෙවූ උන්වහන්සේගේ*" පියාණන් වහන්සේ විශ්වාස කරන සියල්ලන්ටත් කොටසක් දෙන සේක්වා. ගලාති 1: 1. සියලු ශුද්ධවන්තයින් උදෙසා යාච්ඤා කරන්න. රජවරුන් සහ බලවත් අය, අධිපතීන් 1 තිමෝති 2: 2 සහ ඔබට පීඩා කරන හා වෛර කරන අය උදෙසාද යාච්ඤා කරන්න, මතෙව් 5:44. එසේම කුරුසියේ සතුරන් උදෙසාත්, ඔබේ ඵල සියල්ලන්ටම පෙනෙන පිණිසත්, ඔබ උන්වහන්සේ තුළ පරිපූර්ණ වන පිණිසත් යාච්ඤා කරන්න.

13 වන පරිච්ඡේදය

ලිපි යැවීම සම්බන්ධයෙන් කාරණා

යමෙක් මෙහි සිට) සිරියාවට ගියහොත්, ඔහු ඔබේ ලිපිය රැගෙන යා යුතු බව ඔබ සහ ඉග්නේෂස් යන දෙදෙනාම මට ලියූහ. ඔබේ ආශාව ඉටු වන පිණිස, පෞද්ගලිකව හෝ මා වෙනුවෙන් ක්‍රියා කරන වෙනත් අයෙකු තුළින් මට සුදුසු අවස්ථාවක් ලැබුණහොත් මම එම ඉල්ලීම සලකා බලන්නෙමි.

ඉග්නේෂස් විසින් අප වෙත ලියන ලද ඔහුගේ ලිපි සහ අප සතුව ඇති අනෙකුත් සියලුම (ඔහුගේ) ලිපි ඔබ ඉල්ලූ පරිදි අපි ඔබ වෙත එව්වෙමු. ඒවා මෙම ලිපියට සම්බන්ධ වන අතර, ඒවා මගින් ඔබට බොහෝ ප්‍රයෝජන ලැබිය හැකිය. මක්නිසාද ඒවායින් ඔබගේ ඇදහිල්ල හා ඉවසීම ගැනත් අපගේ ස්වාමීන් වහන්සේ තුළ වර්ධනය වීමට නැඹුරු වන සියල්ල ගැනත් පවසා ඇති බැවිනි. ඉග්නේෂස් සහ ඔහු සමඟ සිටි අය පිළිබඳ ඔබ වෙත ලැබී ඇති නිශ්චිත තොරතුරු පිළිබඳ අප දැනුවත් කිරීම යහපත් වනු ඇත.

14 වන පරිච්ඡේදය

අවසානය

මම ඔබට ලියා ඇති මේ දේවල්, වර්තමානයේ මේ කාලය දක්වා මම ඔබට නිර්දේශ කර ඇති, තව දුරටත් නිර්දේශ කරන ක්‍රෙසන්ස් විසින් ලියනු ලැබ ඇත. මක්නිසාද ඔහු අප අතර මෙන්ම ඔබ අතර ද නිර්දෝෂී ලෙස ක්‍රියා කර ඇති බව මම විශ්වාස කරමි. එපමණක් නොව, ඔහුගේ සහෝදරිය ඔබ වෙත පැමිණෙන විට ඔබ ඇය අගය කරන්න. ස්වාමීන් වන යේසුස් ක්‍රිස්තුස් වහන්සේ තුළ සුරක්ෂිතව සිටින්න. අනුග්‍රහය ඔබ සැමට වේවා.

ආමෙන්.

පොලිකාප්තුමාගේ ප්‍රාණ පරිත්‍යාගය

සුබපැතුම්

ස්මර්ණාහි වාසය කරන දෙවියන් වහන්සේගේ සභාව, ෆිලෝමෙලියම්හි වාසය කරන දෙවියන් වහන්සේගේ සභාව සහ සියලුම ස්ථානවල සිටින ශුද්ධ වූ සහ කතෝලික සභාව වෙත: පිය වූ දෙවියන් වහන්සේගෙන් සහ අපගේ ස්වාමි වූ යේසුස් ක්‍රිස්තුස් වහන්සේගෙන් වන දයාව, සාමය සහ ප්‍රේමය වැඩි වැඩියෙන් ලැබේවා.

1 වන පරිච්ඡේදය

අප විසින් ලියනු ලබන විෂය

සහෝදරවරුනි, වේදසාක්ෂිකයින් සහ විශේෂයෙන්ම ආශීර්වාද ලත් පොලිකාප්තුමා හා සම්බන්ධ කරුණු අපි ඔබට ලියා ඇත්තෙමු. එතුමාගේ වේදසාක්ෂික මරණය මගින් පීඩාව අවසන් කරමින් එය මුද්‍රා කර ඇත. (මෙම සිදුවීමට) පෙර වූ සිදුවීම් සියල්ලම පාහේ සිදුවී ඇත්තේ, වේදසාක්ෂික මරණයක් හෙවත් ප්‍රාණ පරිත්‍යාගයක් ශුභාරංචිය බවට පත්වීම සම්බන්ධයෙන් ඉහළින් ස්වාමින් වහන්සේ අපට පෙන්වන පිණිසය. ස්වාමින් වහන්සේ විසින් සිදු කරන ලද, ඔහුගේ මුද ගැනීම උදෙසා ඔහු බලා සිටියාක් මෙන්ම, හුදෙක් අප සම්බන්ධ කාරණා පිළිබඳ සැලකිලිමත් නොවී අපගේ අසල්වැසියන් පිළිබඳ සැලකිලිමත් විය යුතුය. මක්නිසාදයත් එය තමාගේම ආත්මය පමණක් නොව, සියලුම සහෝදරයන්ගේ ආත්ම ගැළවීම ලැබීමට ප්‍රාර්ථනා කිරීමක් වන එය සත්‍ය වූ මෙන්ම ගැඹුරින් මුල් ඇදි ප්‍රේමයේ කොටසක් වන බැවිනි.

2 වන පරිච්ඡේදය

වේදසාක්ෂිකයින්ගේ පුදුම සහගත ස්ථාවර බව

එසේ නම්, සියලුම වේදසාක්ෂිකයෝ, එය දෙවියන් වහන්සේගේ කැමැත්තට අනුව සිදු වූ කාරණා හේතුවෙන් ආශීර්වාද ලත් අය සහ උතුම් අය වෙති. මක්නිසාද එය අපට අන් සියල්ලන්ට වඩා භක්තිමත් වීමට,දෙවියන් වහන්සේට සියල්ල කෙරෙහි බලය පැවරීමට හේතු වන බැවිනි. සැබවින්ම, ස්වාමින් කෙරෙහි ඔවුන් දැක්වූ ප්‍රේමය සමගින් ඔවුන් විසින් පෙන්නුම් කරන ඔවුන්ගේ උතුම් මනස හා ඔවුන්ගේ ඉවසීම අගය කිරීමට අපොහොසත් වන්නේ කවුරුන්ද?. ඔවුහු පීඩාවලින්, වසංගතයෙන් අපහසුතාවට පත් වූ විට, ඉරා දැමූ විට, ඔවුන්ගේ ශරීර කූඩුව, අභ්‍යන්තර නහර සහ ධමනිවලට පවා හානි සිදු වූ කල, තවදුරටත් ඉවසිලිවන්තව විඳදරාගෙන සිටියෝය. ඒ දැක ඔවුන් අසල සිටි අය පවා අනුකම්පාවෙන් හඬා වැලපුණහ. එහෙත්, ඔවුහු කිසිදු සුසුම්ලෑමක් හෝ කෙඳිරිගෑමක් නොමැතිව, ඒ කිසිවකින් පලා නොයන ආකාරයේ උදර අදහස්වලින් යුක්ත වූහ. ඒ අනුව, එවැනි වධ හිංසාවලට ලක් වූ අවස්ථාවේදීම, ක්‍රිස්තුස් වහන්සේගේ ශුද්ධ වූ වේදසාක්ෂිකයින්, ශරීරයෙන් බැහැරව සිටි බව නොඑසේ නම්, ස්වාමින් වහන්සේ ඔවුන් ළඟ සිටි බව සහ ඔවුන්

සමග සහභාගීත්වය පැවැත්වූ බව අප සියල්ලන්ටම ඔප්පු වේ. ඔවුහු එක පැයක් තුළ දුක් විඳීමෙන්) තමන්ම සදකාල දඬුවමින් නිදහස් වෙමින්, ක්‍රිස්තුස් වහන්සේගේ අනුග්‍රහය දෙස බලමින් මේ ලෝකයේ සියලු වධ වේදනා සුළු කොට සැලකූහ. මේ හේතුව නිසා, ඔවුන්ගේ ම්ලේච්ඡ ඝාතකයින්ගේ ගින්න ඔවුන්ට සිසිලසක් මෙන් පෙණුණි.මක්නිසාද ඔවුහු ඒ අනුව ඔවුන්ගේ හදවත් නමැති ඇස්වලින් "කිසි කනකින් නොඇසූ, කිසි ඇසකින් නොදුටු, මනුෂ්‍යයාගේ සිතට ඇතුළු නොවූ එම යහපත් කාරණා" දෙස ඉදිරිය බලමින්, එනම් විඳ දරා ගන්නාවූ අය උදෙසා තබා ඇති දේවල් දෙස බලමින්, සදකාලික කිසිද නොනිවෙන ගින්නෙන් මිදීම පිණිස එසේ කළහ. 1 කොරින්ති 2: 9. එහෙත් ස්වාමින් වහන්සේ විසින් ඔවුන්ට එළිදරව් කරන ලදුව, ඔවුන් තවදුරටත් මනුෂ්‍යයින් නොව, දැනටමත් දේවදූතයින් බවට පත් වී ඇත. ඒ නිසා, ඒ ආකාරයට වන මෘගයින් වෙත මුදා හළ අය මහත් වද හිංසනවලට ලක් වූහ. ඔවුන් උල් යකඩ කූරු ගසන ලද ඇඳවල තබන ලද අතර, වෙනත් ආකාරයේ විවිධ වූ වද හිංසාවලට ලක් කරන ලදී. එසේ එම කෲර පාලකයින් විසින් වධ හිංසනයන්ට ලක් කරන ලද ඔවුන් විසින් (ක්‍රිස්තුස් වහන්සේ) ප්‍රතික්ෂේප කරනු ලැබීමට යොමු කරන ලදී.

3 වන පරිච්ඡේදය

ජර්මනිකස්හි ස්ථාවර බව; පොලිකාප්ගේ මරණය ඉල්ලා සිටීම

ඇත්තෙන්ම යක්ෂයා ඔවුන්ට විරුද්ධව බොහෝ දේ නිර්මාණය කළේය. එහෙත් දෙවියන් වහන්සේට ස්තුති වේවා, ඔහුට සියල්ලෙන්ම ජයගත නොහැකි විය. මක්නිසාද, උතුම් ජර්මනිකස් තමාගේ ඉවසීමෙන් අන් අයගේ බියාදුකම ශක්තිමත් කළ අතර, වන සතුන් සමඟ වීරෝදර ලෙස සටන් කළේය. මක්නිසාදයත්, ආණ්ඩුකාරවරයා ඔහුට පොලඹවා ගැනීමට උත්සාහ කළ විට සහ ඔහුගේ වයස පිළිබඳ සලකන මෙන් ඔහුගෙන් ඉල්ලා සිටි විට, ඔහු මෘගයෙක් තමා වෙතට ආකර්ෂණය කරගෙන, ඌ කුපිත කර, අධර්මිෂ්ඨ සහ අශිෂ්ට ලෝකයකින් ඉක්මනින් පලා යාමට ආශාවෙන් සිටියේය. එහෙත් ඒ දේ සිදු වූ කල, මුළු සමූහයා භක්තිමත් හා දේවභක්තික පිරිසක් වූ කිතුනුවන් විසින් විදහා දක්වන ලද මනසෙහි උදරත්වය ගැන මවිතයට පත් වී, අදේවවාදීන්ගෙන් ඉවත් වන්න, පොලිකාප් සොයා ගන්නට ඉඩ දෙන්න! යයි කෑ ගැසූහ.

4 වන පරිච්ඡේදය

අපෝස්තුළු ක්වින්ටස්

එහිදී මෑතකදී පිරිගියාවේ සිට පැමිණි පිරිගියානු ජාතිකයෙක් වන ක්වින්ටස් නම් අයෙක්, මෘගයින් දුටු විට බියට පත් විය.තමාට සහ වෙනත් අයට (නඩු විභාගය) සඳහා ස්වේච්ඡාවෙන් ඉදිරිපත් වීමට බල කළ පුද්ගලයා ඔහුය. බොහෝ ඉල්ලීම්වලින් පසු ආණ්ඩුකාරවරයා විසින් දිවුරුම් දීමටත් පූජා ඔප්පු කිරීමටත් ඔහු පොළඹවා ගන්නා ලදී. එබැවින් සහෝදරවරුනි, ශුභාරංචිය එසේ කිරීමට උගන්වන්නේ නැති බව දැකීමෙන් (දුක් විඳීමට) තමන්ම දෙන අයට අපි ප්‍රශංසා නොකරමු. මතෙව් 10:23

5 වන පරිච්ඡේදය

පොලිකාප්ගේ නික්මයාම සහ දර්ශනය

එහෙත් වඩාත්ම ප්‍රශංසනීය පොලිකාප්තුමා, ඔහු සොයනු ලබන බව) මුලින් ඇසූ විට, කිසිසේත් කලබල නොවීය. එසේ වුවත් නගරයේ දිගටම රැඳීසිටීමට අධිෂ්ඨාන කර ගත්තේය. කෙසේ වෙතත්, බොහෝ දෙනෙකුගේ කැමැත්තට අනුව, එතුමා එම නගරය අත්හැර යාමට පෙලඹුණි. ඒ අනුව එතුමා නගරයෙන් පිට වී, දුර බැහැර ග්‍රාමීය පෙදෙසක නිවසකට ගියේය. එතුමා මිතුරන්) කිහිපදෙනෙකු සමඟ එහි නැවතී සිටියේය. එහිදී එතුමාගේ සුපුරුදු චාරිත්‍රයට අනුව, ලොව පුරා ව්‍යාප්තව සිටින සියලු මිනිසුන් සහ සභා වෙනුවෙන් දිවා රාත්‍රී යාච්ඤා කරනවා හැරෙන්නට වෙන කිසිවක් නොකළේය. යාච්ඤා කරමින් සිටියදී, එතුමා රැගෙන යාමට දින තුනකට පෙර දර්ශනයක් දුටුවේය. එහිදී එතුමාගේ හිස යට වූ කොට්ටය ගිනි ගෙන දැවෙන්නාක් මෙන් එතුමාට පෙණුනි. ඒ සමඟ, තමා සමඟ සිටි අය දෙසට හැරී, දිවැස්වැකියෙන් මෙසේ පැවසුවේය, "මා පණපිටින් පුලුස්සා මරනු ලැබිය යුතුයි".

6 වන පරිච්ඡේදය

සේවකයෙකු විසින් පොලිකාප්තුමා පාවා දෙනු ලැබීම

එතුමා සොයා ආ පිරිස සමීප වූ කල, එතුමා වෙනත් වාසස්ථානයකට ගියේය. එහිදී එතුමා ලුහුබැඳ ගිය පිරිස ද එතුමා පසුපස ආහ. ඔවුන්ට එතුමා හමු නොවූ කල, ඔවුහු (එහි සිටි) තරුණයන් දෙදෙනෙකු අල්ලා ගත්තෝය. ඔවුන්ගෙන් එක් කෙනෙක් වධහිංසාවට ලක්වූ කල පාපෝච්චාරණය කළේය. ඔහු පාවා දුන් අය එතුමාගේම නිවසේ අය බැවින් එතුමාට දිගටම සැඟවී සිටීම අපහසු විය. එවකට හෙරොද් නම් වූ ඉරෙනාර්ක් (ඔහුගේ නිලය ක්ලෙරොනොමස්ගේ නිලය හා සමානය) එතුමා ක්‍රීඩාංගණයට ගෙන ඒමට ඉක්මන් විය. මේ සියල්ල සිදු වූයේ) එතුමා ක්‍රිස්තුස් වහන්සේගේ හවුල්කරුවෙකු බවට පත්වී එතුමාගේ විශේෂ කොටස ඉටු කිරීම පිණිසත්, එතුමා පාවා දුන් අය යූදස්ගේ දඬුවමට යටත් වීම පිණිසත්ය.

7 වන පරිච්ඡේදය

පොලිකාප්තුමා හඹා ආ පිරිසට එතුමා හමු විය

සූදනම් වූ දිනයේ රාත්‍රී භෝජන වේලාවේදී අශ්වාරෝහකයන් සහ තරුණයින් ද රැගෙන, සුපුරුදු ආයුධ රැගෙන එතුමා පසුපස ලුහුබැඳ ගිය අය, එසේ ගියේ කොල්ලකරුවෙකුට එරෙහිව යන්නාක් මෙනි. මතෙව් 26:55. සවස් වූ කල එතුමා සිටි ස්ථානයට) පැමිණි විට, එතුමා යම් කුඩා නිවසක ඉහළ කාමරයේ සැතපී සිටිනු දුටහ. එම ස්ථානයෙන් එතුමාට වෙනත් ස්ථානයකට පැන යන්නට ඉඩ තිබුණ ද එතුමා එය ප්‍රතික්ෂේප කළේ මෙසේ පවසමිනි. "දෙවියන් වහන්සේගේ කැමැත්ත ඉෂ්ට වේවා. මතෙව් 6:10; ක්‍රියා 21:14. එබැවින් එතුමා ඔවුන් පැමිණි බව දැනගත් විට පහළට බැස විත් ඔවුන් සමඟ කතා කළේය. පැමිණ සිටි අය ඔහුගේ වයස හා ස්ථාවර බව පිළිබඳ මවිතයට පත් වූහ. ඔවුන්ගෙන් සමහරු මෙසේ පැවසූහ. මෙවන් වූ ගෞරවනීය මිනිසෙකු අල්ලා ගැනීමට මෙතරම් උත්සාහයක් ගත්තාද?ඒ මොහොතේදීම, එම පැයේදීම ඔවුන් ඉදිරියේ කෑමට හා බීමට යමක් තැබිය යුතු යැයි ඔහු අණ කළ අතර, ඇත්තෙන්ම ඔවුන් රැකබලා ගත් අතරම බාධාවකින් තොරව තමාට යාච්ඤා කිරීමට පැයක් ඉඩ දෙන ලෙස ඔහු ඔවුන්ගෙන් ඉල්ලා සිටියේය. ඔවුන් ඔහුට අවසර ලබා දුන් පසුව, දෙවියන් වහන්සේගේ අනුග්‍රහයෙන් පූර්ණව ඔහු නැගිට සිට යාච්ඤා කළේය. එම නිසා

සම්පූර්ණ පැය දෙකක් ඔහු නැවැත්වීමට නොහැකි වූ අතර, ඔහුට සවන් දුන් අය මවිතයට පත් වූහ. එසේ බොහෝ දෙනෙක් මෙතරම් දේවභක්තික හා ගෞරවනීය මහලු මිනිසෙකුට එරෙහිව තමන් පැමිණි නිසා පසුතැවිලි වීමට පටන් ගත්තෝය.

8 වන පරිච්ඡේදය

පොලිකාප්තුමා නගරයට ගෙන එනු ලැබීම

එහිදී, ඔහු සමග ඕනෑම කාලයකදී සම්බන්ධ වූ කුඩා හා විශාල, කීර්තිමත් හා අපැහැදිලි ඕනෑම දෙයක් මෙන්ම ලොව පුරා සිටින මුළු කතෝලික සභාවම ගැන සඳහන් කරමින්යාච්ඤා කිරීම ඔහු නැවැත්වූ විගසම, ඔහු පිටත්ව යා යුතු අවස්ථාව පැමිණියේය. ඔවුහු පැමිණ ඔහු බූරුවෙකු පිට නංවා මහා සබත් දවස වූ ඒ දවසේ නුවරට ගෙන ගියහ. ඉරෙනාර්ක් හෙරොද්, ඔහුගේ පියා වන නිකීටිස් සමග (දෙදෙනාම අශ්ව රථයක නැගී) ඔහු මුණගැසී අශ්ව රථයට නංවා ගත්තෝය. ඔවුහු තමා අසලින් ඔහු අසුන් ගන්වා, "තමාගේ ජීවිතය රැක ගැනීම උදෙසා ස්වාමි වූ සීසර් යයි පැවසීමේ සහ අනෙක් උත්සවවලදී කරන පරිද්දෙන් ඔහුට පූජා පැවැත්වීමේ ඇති වරද කුමක්ද?" යනුවෙන් පවසමින් ඔහු පෙලඹවීමට උත්සාහ කළහ. එහෙත් මුලින් ඔහු ඔවුන්ට පිළිතුරක් දුන්නේ නැත. ඔවුහු දිගින් දිගටම ඔහුට බල කළ විට, "ඔබ මට අවවාද දෙන පරිදි මම ක්‍රියා නොකරමි" යයි පැවසීය.එබැවින් ඔවුහු ඔහු පොලඹවා ගැනීමේ බලාපොරොත්තුවක් නොමැතිව ඔහුට තදින් කතා කිරීමට පටන් ගත්හ. එසේම ප්‍රචණ්ඩකාරී ලෙස ඔහු අශ්ව රථයෙන් නෙරපා දැමූහ. එසේ අශ්ව රථයෙන් බැස යන විට වැටීම නිසා) ඔහු ඔහුගේ කකුල කැඩුණි. එහෙත්, කරදර නොවී, කිසිවකින් වේදනාවක් නැතිවාක් මෙන්, ඔහු ඉතා උනන්දුවෙන් කඩිමුඩියේ ඉදිරියට ගිය අතර, ඔහු ක්‍රීඩාංගණයට ගෙන යන ලදී. එහි විශාල කැලඹීමක් වූ අතර, කිසිවක් ඇසීමට හැකියාවක් නොතිබුණි.

9 වන පරිච්ඡේදය

පොලිකාප්තුමා ක්‍රිස්තුස් වහන්සේට නිග්‍රහ කිරීම ප්‍රතික්ෂේප කරයි

ඒ අවස්ථාවේදී, පොලිකාප් ක්‍රීඩාංගණයට ඇතුළු වන විට, ඔහු වෙතට ස්වර්ගයෙන් හඬක් පැමිණ, "එම්බල පොලිකාප්, ශක්තිමත් වන්න, ඔබ මිනිසෙකු බව පෙන්වන්න! ඔහු සමග කතා කළේ කවුරුන්දැයි කිසිවෙකුත් දුටුවේ නැත. එහෙත් එහි සිටි අපේ සහෝදරයන් හට එම හඬ ඇසුණි. ඔහු ඉදිරියට ගෙන එන අවස්ථාවේදී පොලිකාප් අල්ලාගත් බව ඇසූ විට කලබලකාරී තත්ත්වය තවත් වැඩි විය. ඔහු සමීපයට පැමිණි විට, ආණ්ඩුකාරවරයා ඔහු පොලිකාප්දැයි ඔහුගෙන් විමසීය. ඔහු ඒ තමා බවට පැවසූ විට, ආණ්ඩුකාරවරයා) "ඔබේ මහලු වියට සහ ඒ හා සමාන අනෙකුත් දේවලට ගරු කරන්න. සම්ප්‍රදායට අනුව "සීසර්ගේ නාමයෙන් දිවුරා පසුතැවිලි වී, අදේවවාදීන්ගෙන් දුරස් වන්න යයි" පවසමින් ක්‍රිස්තුස් වහන්සේ) ප්‍රතික්ෂේප කිරීමට ඔහු පොළඹවා ගැනීමට උත්සාහ කළේය. එහෙත් පොලිකාප්, එවකට ක්‍රීඩාංගනයේ සිටි සියලු දුෂ්ට විජාතීන් දෙස බැල්මක් හෙළා, ඔවුන් දෙසට අත දිගු කරමින්, කෙඳිරිගාමින් ස්වර්ගය දෙස බලා, "අදේවවාදීන්ගෙන් දුරස් වන්න" යයි පැවසීය. එවිට, ආණ්ඩුකාරවරයා "දිවුරන්න, එවිට මම ඔබට නිදහස ලබා දෙන්නෙමි, ක්‍රිස්තුස් වහන්සේට නින්ද කරන්න යයි බලවත් සේ ඔහුගෙන් ඉල්ලා සිටියේය. පොලිකාප් මෙසේ ප්‍රකාශ කළේය. "මම උන් වහන්සේට අවුරුදු අසූ හයක් සේවය කර ඇත්තෙමි. උන් වහන්සේ කිසි විටෙකත් මට කිසිදු හානියක් නොකළ සේක. එසේනම් මාගේ රජු සහ ගැළවුම්කරුවාණන් වන උන් වහන්සේට මා කෙසේ අපහාස කරන්නද?"

10 වන පරිච්ඡේදය

පොලිකාප් තමා කිතුනුවෙකු බව පවසයි

ආණ්ඩුකාරවරයා යළිත් වරක් ඔහුට, "සීසර්ගේ නමින් දිවුරන්න" යයි බල කළ විට, ඔහු පිළිතුරු දෙමින් මෙසේ කීවේය,

"ඔබ නිෂ්ඵල ලෙස හදිසි වී මා සීසර්ගේ නමින් දිවුරුම් දිය යුතු බවත්, මා කවුරුන්ද සහ කුමන තනතුරක සිටීදැයි නොදන්නා බව මවාපාන්නට මට පවසන නිසා, මා ඉතා නිර්භීතව පවසන දෙයට

සවන් දෙන්න. මම කිතුනුවෙක් වෙමි. ඔබ ක්‍රිස්තියානි ධර්මයේ මූලධර්ම මොනවාදැයි ඉගෙන ගැනීමට කැමති නම්, මට දිනක් ලබා දෙන්න. මම ඒවා ඔබට පවසන්නම්."

"ජනතාව පොලඹ වන්න" යනුවෙන් ආණ්ඩුකාරවරයා පිළිතුරු දුන්නේය. එහෙත් පොලිකාප්තුමා මෙසේ පැවසීය,

"මගේ ඇදහිල්ල පිළිබඳ) ඔබට විස්තරයක් ඉදිරිපත් කිරීම සුදුසු යැයි මම සිතුවෙමි. මක්නිසාද දෙවියන් වහන්සේ විසින් නියම කර ඇති පරිදි බලය ලත් නිලධාරීන්ට නිසි ගෞරවය (එයින් අපට හානියක් ඇති නොවේ) ලබා දීමට අපට උගන්වා ඇත. රෝම 13: 1-7; තීතස් 3: 1. එහෙත් මේ අයට, මාගෙන් කිසිම ගණන් දීමක් ලැබීමට සුදුසු අයය යයි මම කල්පනා නොකරමි."

11 වන පරිච්ඡේදය

පොලිකාප්තුමාට කිසිදු තර්ජනයකින් බලපෑමක් ඇති නොවීය

එවිට ආණ්ඩුකාරයා ඔහුට කතා කොට, "මා ළඟ වන මෘගයෝ සිටිති; ඔබ පසුතැවිලි නොවන්නෙහි නම් මම ඔබ උන් වෙත දමන්නෙමි."

එහෙත් ඔහු උත්තර දෙමින්, "එසේ නම් උන් කැඳවන්න. මක්නිසාදයත්, නපුර පිළිගැනීම උදෙසා යහපත් දේ ගැන පසුතැවිලි වීමට අපට පුරුදු නැත. නපුරු දෙයින් ධර්මිෂ්ඨකමට වෙනස් වීම මට යහපත් දෙයකි."

එහෙත් නැවත වරක් ආණ්ඩුකාරවරයා ඔහුට කතා කොට, "ඔබ වන මෘගයන් හෙළා දකින බව පෙනෙන බැවින් ඔබ පසුතැවිලි නොවන්නේ නම්, මම ඔබ ගින්නෙන් දැවීමට සලස්වන්නෙමි."

එහෙත් පොලිකාප්තුමා මෙසේ පැවසීය, "පැයක පමණ ගින්නෙන් දැවීමක් පිළිබඳ ඔබ මට තර්ජනය කරන්නෙහිය, ටික වේලාවකින් එය නිවී යයි. එහෙත් අභක්තිකයන් සඳහා වෙන් කර ඇති පැමිණෙන්නා වූ විනිශ්චයේ ගින්න හා සදාකාලික දඬුවම පිළිබඳ ඔබ නොදැනුවත්ය. එහෙත් ඔබ ප්‍රමාද වන්නේ ඇයි? ඔබ කැමති දේ සිදු කරන්න."

12 වන පරිච්ඡේදය

පොලිකාප්තුමා පුලුස්සා මරා දැමීමට නියම වේ

ඔහු මේ හා තවත් බොහෝ දේ කථා කරන අතරතුර, ඔහු නිසැක බවින් හා ප්‍රීතියෙන් පිරී සිටියේය. ඔහුගේ මුහුණෝ පෙනුම කරුණාවෙන් පිරී තිබුණි, එබැවින් ඔහුට පැවසූ කාරණාවලින් ඔහු කරදරයට පත් නොවූවා පමණක් නොව, ඊට ප්‍රතිවිරුද්ධව, ආණ්ඩුකාරවරයා මවිතයට පත් වූ අතර, "පොලිකාප්තුමා තමා කිතුනුවෙකු බව පැවසූ බවට" ක්‍රීඩාංගණය මැදදී තුන් වතාවක් ප්‍රකාශයට පත් කිරීම සඳහා ඔහුගේ පණිවිඩකරුවා යැවීය. පණිවිඩකරුවා විසින් එම ප්‍රකාශය කරනු ලැබීමෙන් අනතුරුව, ස්මර්ණාහි වාසය කළ විජාතීන් සහ යුදෙව්වරුන් සියලුම දෙනා පාලනය කළ නොහැකි කෝපයෙන් කෑ ගසා ඉතා මහත් හඬින් මෙසේ පැවසූහ, "මේ සිටින්නේ ආසියාවේ ගුරුවරයායි, කිතුනුවන්ගේ පියායි, අපගේ දෙවිවරුන් ප්‍රතික්ෂේප කරමින් එම දෙවිවරුන්ට පූජා නොකරන්නටත්, දෙවිවරුන්ට නමස්කාර නොකරන්නටත් බොහෝදෙනෙකුට උගන්වා ඇත්තේ මොහුයි." මෙවැනි දේ පවසමින්, ඔවුහු කෑගැසූ අතර පොලිකාප් වෙත සිංහයෙකු මුදා හරින ලෙස ආසියාක් වන පිලිප්ගෙන් ඉල්ලා සිටියහ. එහෙත් පිලිප් පිළිතුරු දෙමින් කීවේ, වන මෘගයින්ගේ සංදර්ශන ඒ වන විටත් අවසන් වී ඇති බැවින් එසේ කිරීම නීත්‍යානුකූල නොවන බවයි. පසුව පොලිකාප් පණපිටින් පුලුස්සා දැමිය යුතු යැයි ඒකමතිකව කෑගැසීම යහපත් යයි ඔවුන්ට පෙනුණි. මෙසේ ඔහුගේ කොට්ටය පිළිබඳ එළිදරව් වූ දර්ශනය සම්පූර්ණ වීම පිණිස එය යෝග්‍ය වූවකි. එතුමා යාච්ඤා කරමින් සිටියදී, කොට්ටය දැවී ගිනි ගැනීම දුටු අවස්ථාවේදී. එතුමා තමා සමග සිටි ඇදහිලිවන්ත අනෙක් අය වෙත හැරී දිවැස්වැකියෙන් මා පණ පිටින් ගින්නෙන් පුලුස්සනු ලැබිය යුතු යයි පැවසීය.

13 වන පරිච්ඡේදය

දර සෑය ඉදිකර ඇත

මෙය, කතා කළ තරමට වඩා වැඩි වේගයකින් ක්‍රියාත්මක කරන ලද අතර, සමූහයා වහාම කඩවලින් සහ නාන ස්ථානවලින් ලී සහ දර මිටි එකතු කළහ; විශේෂයෙන්, යුදෙව්වරු චාරිත්‍රයට අනුව, ඒ සඳහා ඔවුන්ට උනන්දුවෙන් සහාය වූහ. දර සෑය සූදානම් වූ කල, පොලිකාප්තුමා, ඔහුගේ ඇඳුම් සියල්ලම පසෙකට දමා, ඔහුගේ ඉඟ පටිය ගලවා, ඔහුගේ පාවහන් ද ගලවන්නට සැරසුණේය. මෙය

එතුමාට නුහුරු දෙයක් විය. මෙහිදී ඇදහිලිවන්තයින් එකිනෙකා මුලින්ම ඔහුගේ සම ස්පර්ශ කරන්නට උත්සාහ කළහ. මක්නිසාද යත්, ඔහුගේ ශුද්ධ ජීවිතය නිසා, ඔහුගේ ප්‍රාණ පරිත්‍යාගයට පෙර පවා, ඔහු සෑම ආකාරයකම යහපත් දේවලින් පිරී සිටි බැවිනි. එසැණින්ම ඔවුහු දර සෑයට සූදනම් කර තිබූ ද්‍රව්‍යවලින් ඔහු වට කළහ. එහෙත් ඔවුහු ඔහුට ඇණ ගැසීමට සූදනම් වූ අවස්ථාවේදී, ඔහු මෙසේ පැවසීය."මා මෙසේම අත්හරින්න; මක්නිසාද ගින්න දරාගැනීමට මට ශක්තිය දෙන තැනැන් වහන්සේ, ඇණවලින් මා නොරැඳී ගිනි මැද නොසෙල්වී සිටීමට මට හැකියාව දෙන සේක."

14 වන පරිච්ඡේදය

පොලිකාප්තුමාගේ යාච්ඤාව

එවිට ඔවුහු ඔහුට ඇණ ගැසුවේ නැත. එහෙත් ඔහු ගැට ගැසූහ. ඔහු තමාගේ අත් පිටුපස තබාගෙන, පූජා කිරීම සඳහා විශාල රැළකින් (ගෙන ගිය)ඉතා හොඳ බැටළුවෙකු මෙන් බැඳිනු ලැබ, දෙවියන් වහන්සේට පිළිගත හැකි දවන පූජාවක් වීමට සූදනම් වී, ස්වර්ගය දෙස බලා, මෙසේ පැවසීය,

"සර්වබලධාරී දෙවියන් වහන්ස, ඔබගේ ආදරණීය හා ආශීර්වාද ලත් පුත්‍ර යේසුස් ක්‍රිස්තුස් වහන්සේගේ පියාණෙනි, උන් වහන්සේගෙන් දේවදූතයන්ගේ හා බලයන්ගේ මෙන්ම සියලු මැවිල්ලේ සහ ඔබ ඉදිරියේ ජීවත් වන සියලු ධර්මිෂ්ඨයන්ගේ දෙවියන් වහන්සේ වන ඔබ වහන්සේ පිළිබඳ අපි දැනගතිමු. ඔබ වහන්සේගේ වේද සාක්ෂිකයින්ගේ සංඛ්‍යාවෙන්, ඔබ වහන්සේගේ ක්‍රිස්තුස් වහන්සේ කුසලානෙන්, ශුද්ධාත්මයාණන් වහන්සේ තුළින් නරක් නොවන (බෙද දෙන ලද) ප්‍රාණය සහ ශරීරය යන දෙකෙහිම සදකාල ජීවනයේ උත්ථානයට, මා සහභාගි වන පිණිස, අදටත් මේ පැයටත් ඔබ මා සුදුසු යයි ගණන් ගැනීම නිසා මම ඔබ වහන්සේට ස්තූතිවන්ත වෙමි. ඔවුන් අතරින් මා මේ දවසේ පිළිගත හැකි වූ පූජාවක් ලෙස පිළිගත මැනව. ඔබ වහන්සේ, එනම් සදකාලිකවම සත්‍ය වන දෙවියන් වහන්සේ විසින් පෙර නියම කරන ලදුව, එය මට පූර්වයෙන් එළිදරව් කළ සේක. දැන් එය සම්පූර්ණත්වයට පත් වී ඇත. එබැවින් සියලු දේ ගැන මම ඔබ වහන්සේට ප්‍රශංසා කරමි. මම ඔබ වහන්සේට ආශීර්වාද කරමි. මම ඔබ වහන්සේට ගෞරව කරමි. ඔබ වහන්සේගේ ආදරණීය පුත්‍රයා වන, සදකාලික හා ස්වර්ගීය යේසුස් ක්‍රිස්තුස් වහන්සේ සහ ඔබ වහන්සේටත්, ශුද්ධාත්මයාණන් වහන්සේටත්, දැන් සහ මතු පැමිණෙන සියලුම යුගවලදී මහිමය වේවා! . ආමෙන්.

15 වන පරිච්ඡේදය

ගින්නෙන් පොලිකාප්තුමාට හානියක් සිදුවී නැත

ඔහු ආමෙන් යයි පවසමින් ඔහුගේ යාච්ඤාව අවසන් කළ පසුව, ගින්න දැල්වීමට පත් කරන ලද අය විසින් ගින්න අවුළුවනු ලැබිණි. මහත් උදහසේ ගිනිදැල් නැගෙද්දී, එය දැක බලා ගැනීමට අවස්ථාව ලද අපි, මහා ප්‍රාතිහාර්යයක් දුටුවෙමු. එවකට සිදු වූ දේ අන් අයට වාර්තා කිරීම සඳහා අපි රක්ෂා කළෙමු. ගින්න, සුළඟකින් පිරී ඇති විට නැවක රුවලක් මෙන් ආරුක්කු ස්වරූපයෙන් හැඩ ගැසී, වළල්ලක් සේ වේද සාක්ෂිකයාගේ සිරුර වට කරගෙන දැල්වුණේය. එය තුළ ඔහු දිස් වූයේ පිලිස්සෙන සිරුරක් ලෙසට නොව, ඒ වෙනුවට පිලිස්සූ පාන් මෙන් නැතිනම් උදුනක දිලිසෙන රන් හා රිදී මෙන්ය. එපමණක් නොව, (දර සෑය කෙරෙන් පැමිණි) සුවඳ විලවුන් හෝ එවැනි වටිනා කුළුබඩු එහි දැවෙන්නා සේ සුවඳක් අපට දැනුණි.

16 වන පරිච්ඡේදය

පොලිකාප්තුමාට තියුණු කිනිස්සකින් අනින ලදී

ඔහුගේ ශරීරය ගින්නෙන් විනාශ කළ නොහැකි බවට එම දුෂ්ට මිනිසුන් වටහා ගත් විට, ඔහු ළඟට ගොස් තියුණු කිනිස්සකින් ඔහුට අනින ලෙස ඝාතකයෙකුට ඔවුහු අණ කළහ. ඔහු එසේ කළ විට මහත් විලාපයක් නැගුණු අතර, මහත් ලේ ප්‍රමාණයක්ද පැමිණියේය. එවිට එයින් ගින්න නිවී ගියේය. අපේ කාලයේ අපෝස්තලික හා අනාවැකිමය ගුරුවරයෙකු හා ස්මර්ණාහි පිහිටි කතෝලික සභාවේ රදගුරු තුමා ලෙස කටයුතු කළ පොලිකාප් තුමා තෝරාගනු ලැබූ අයෙකි. නොඇදහිලිවන්තයන් සහ තේරී තෝරාගනු ලැබූවන් අතර එවැනි වෙනසක් තිබිය යුතු යැයි සියලු ජනයා කල්පනා කළහ. මක්නිසාද ඔහුගේ මුඛයෙන් නික්මුණු සෑම වචනයක්ම ඉෂ්ට වී ඇත, නොඑසේ නම් අනාගතයේදී ඉෂ්ට වනු ඇත.

17 වන පරිච්ඡේදය

කිතුනුවන්ට පොලිකාප්ගේ දේහය ප්‍රතික්ෂේප කරනු ලැබීම

එහෙත් ඊර්ෂ්‍යාකාරී, ද්වේෂ සහගත හා දුෂ්ටයා වන ධර්මිෂ්ඨයන්ගේ ජාතියේ විරුද්ධවාදියා, එතුමාගේ ප්‍රාණ පරිත්‍යාගයේ ආකර්ෂණීය ස්වභාවය වටහාගත්තේය. එසේම ඔහු මුල සිටම පවත්වාගෙන ගිය නිර්දෝෂී ජීවිතය සලකා බලා), දැන් ඔහු අමරණීයත්වයේ ඔටුන්නෙන් සරසන ලද බවත්, කිසිම අරගලයක් නොමැතිව ඔහුගේ විපාකය ලබා ගත් බවත්, බොහෝ දෙනා මෙය සිදු කිරීමට කැමති වුවද, එනම් ඔහුගේ ශුද්ධ ශරීරය ලබා ගැනීමට කැමති වූවද, ඔහු පිළිබඳ කුඩාම සිහිවටනයක් හෝ අපට ලබාගත නොහැකි පරිදි ඔහුට හැකි උපරිමය සිදු කළේය. මේ සම්බන්ධයෙන් ඔහු හෙරොද්ගේ පියා සහ ඇල්ස්ගේ සහෝදරයා වන නිකීටස් වෙත ගොස්, ඔහුගේ දේහය භූමදාන කිරීම සඳහා භාර නොදෙන ලෙස ආණ්ඩුකාරයා වෙත ගොස් ඔහුගෙන් ඉල්ලා සිටින ලෙසට යෝජනා කළේය. එසේ නොකළහොත්, කුරුසියේ ඇණ ගසනු ලැබූ තැනැන් වහන්සේ අත්හැර දමා ඔවුන් මොහුට නමස්කාර කිරීමට පටන් ගන්නවා ඇත යයි පැවසීය. අප ඔහු ගින්නෙන් පිටතට ගෙන යාමට සැරසෙන විට අප දෙස බලා සිටි යුදෙව්වන්ගේ යෝජනාව හා හදිසි පෙලඹවීම මත ඔහු මේ බව කියා සිටියේය. මුළු ලෝකය පුරාම සිටින එවැනි අයගේ ගැළවීම උදෙසා දුක් විඳි, සහ මුළු ලෝකයා ගලවනු ලබන (පව්කරුවන් උදෙසා දිවි පුදන නිර්දෝෂී තැනැන්වහන්සේ වන) ක්‍රිස්තුස් වහන්සේ අත්හැර දැමීමට සහ වෙනත් කෙනෙකුට නමස්කාර කිරීම අපට කිසි විටෙකත් කළ නොහැකිය යන්න පිළිබඳ ඔවුන්ගේ නොදැනුවත්කම නිසා මෙසේ පැවසූහ. උන් වහන්සේ සැබවින්ම දෙවියන් වහන්සේගේ පුත්‍රයා වන බැවින්, අපි උන් වහන්සේට නමස්කාර කරන්නෙමු. එහෙත් වේද සාක්ෂිකයින් වනාහි, ස්වාමීන්වහන්සේගේ ගෝලයන් හා අනුගාමිකයන් වශයෙන්, ඔවුන්ගේම රජු හා ස්වාමියා කෙරෙහි ඔවුන් තුළ ඇති අසාමාන්‍ය සෙනෙහස නිසා අපි ඔවුන්ට ගෞරව ආදරය දක්වන්නෙමු. ඔවුන් මගින් අපත් උන් වහන්සේගේ හා අනුගාමික ගෝලයන් බවට පත් වේවා!

18 වන පරිච්ඡේදය

පොලිකාප්ගේ සිරුර පුලුස්සා දමනු ලැබීම

එවිට ශතාධිපතියා, යුදෙව්වන්ගේ කෝලාහලය දුටු විට, දේහය ගින්න මැදට හෙළා එය දවා දැමුවේය. ඒ අනුව, අපි පසුව ඉතා අලංකාර ආභරණවලට වඩා වටිනා, රත්‍රන්වලට වඩා පවිත්‍ර වූ ඔහුගේ ඇටකටු රැගෙන ඒවා සුදුසු ස්ථානයක තැන්පත් කළෙමු. එහිදී, එකට එකතු වී, අපට අවස්ථාව ලැබුණු ආකාරයට, මේ වන විටත් ඔවුන්ගේ සේවය අවසන් කර ඇති අය මෙන්ම, තව දුරටත් ඔවුන්ගේ අඩි පාරේ ගමන් කරමින් ඒ සඳහා සූදනම් වන අය යන දෙපිරිසම වෙනුවෙන්ම ප්‍රීතියෙන් හා සන්තෝෂයෙන්, ඔහුගේ වේද සාක්ෂික මරණයේ සංවත්සරය සැමරීමට සමිඳාණන් වහන්සේ අපට අවස්ථාව දෙනු ඇත.

19 වන පරිච්ඡේදය

වේද සාක්ෂික පොලිකාප්තුමාට ප්‍රශංසා කිරීම

එසේ නම්, ආශිර්වාද ලත් පොලිකාප්ගේ වාර්තාව මෙයයි. ඔහු ස්මර්ණාහි දෙළොස්වැනි වේද සාක්ෂිකවරයායි (මෙහිදී පිලදෙල්පියාවේ අය ද ගණන් ගැනේ).එහෙත් මෙතුමා සියලු මිනිසුන්ගේ මතකයේ වෙනමම ස්ථානයක් හිමි කරගෙන සිටියි. එය කොතරම් ද යත් විජාතීන් විසින් ද එතුමා පිළිබඳ කතාබහ කෙරෙන බැවිනි. එතුමා හුදෙක් කීර්තිමත් ගුරුවරයෙකු පමණක් නොව, විශිෂ්ට වේද සාක්ෂිකයෙකු ද විය.එතුමාගේ ප්‍රාණ පරිත්‍යාගය ක්‍රිස්තුස් වහන්සේගේ ශුභාරංචියට සම්පූර්ණයෙන්ම අනුකූල වූවක් බැවින්, සියලු දෙනාම එය අනුකරණය කිරීමට ආශා කරති. මක්නිසාද, ඉවසීමෙන් යුක්තව අයුක්තිසහගත ආණ්ඩුකාරයා අභිබවා අමරණීයත්වයේ ඔටුන්න හිමි කර ගත් එතුමා, දැන් ප්‍රේරිතයන් හා සියලු ධර්මිෂ්ඨයින් සමඟ ස්වර්ගයේ) දෙවියන් වහන්සේට මහිමය දෙයි. එසේම පියාණන් වහන්සේට ද මහිමය දෙමින්, අපගේ ආත්මවල ගැළවුම්කරුවාණන් වහන්සේ, අපගේ ශරීරයේ ආණ්ඩුකාරයාණන් වහන්සේ සහ ලොව පුරා කතෝලික සභාවේ එඬේරාණන් වහන්සේ වන ස්වාමි වූ යේසුස් ක්‍රිස්තුස් වහන්සේට ආශිර්වාද කරයි.

20 වන පරිච්ඡේදය

මෙම ලිපිය සහෝදරයන්ට ලැබෙන්නට සැලැස්විය යුතුය

එතැන් සිට, ඔබ ඇත්ත වශයෙන්ම සිදු වූ දේ පිළිබඳව ඔබ දැනුවත් කරන ලෙස ඔබ අපෙන් ඉල්ලා සිටි හෙයින්, අපගේ සහෝදර මාකස් හරහා මෙම සාරාංශමය වාර්තාව අප දැනටඔබ වෙත එවා ඇත. එසේඔබ විසින්ම මෙම ලිපිය කියවා, දුර බැහැර වෙසෙන සිටින සහෝදරයන් වෙත යැවීමට සතුටු වන්න. එවිට ඔවුන්ද තමන් වහන්සේගේ සේවකයින් තෝරා ගන්නා ස්වාමින් වහන්සේ මහිමයට පත් කරනු ඇත. තමන් වහන්සේගේ අනුග්‍රහය හා යහපත්කම කරණකොටගෙනඋන් වහන්සේගේ ඒකජාතක පුත්‍ර වූ යේසුස් ක්‍රිස්තුස් වහන්සේ තුළින්, අප සියල්ලන්ම උන් වහන්සේගේ සදකාලික රාජ්‍යයට ගෙන ඒමට හැකි උන් වහන්සේටම, මහිමය, ගෞරවය, බලය හා ගෞරවය සදකාලයටම වේවා. ආමෙන්. සියලුම ශුද්ධවන්තයින්ට ආචාර කරන්න. අප සමඟ සිටින අයත්, මෙම ලිපිය ලියූ එවරෙස්ටස් සහ ඔහුගේ සියලුම නිවැසියනුත් ඔබට ආචාර කරති.

21 වන පරිච්ඡේදය

ප්‍රාණ පරිත්‍යාගය සිදු කළ දිනය

දැන්, සැන්ටිකස් මාසය ආරම්භ වූ කාලයේම දෙවන දිනයේදී ආශිර්වාද ලත් පොලිකාප්තුමා, මැයි මාසයේ කාලෙන්ඩ්ස්වලට පෙර හත්වන දින, මහා සබත් දිනයේදී, අටවන පැයේදී දිවි පිදුවේය. ඔහු හෙරොද්, ට්‍රැලියන්හි උත්තම පූජකයා වූ පිලිප්, ආණ්ඩුකාරයා වූ ස්ටැටියස් ක්වඩ්‍රාටස් යන අය විසින් මරණයට පත් කරන ලදී. එහෙත් සදකාලයටම රජ වන යේසුස් ක්‍රිස්තුස් වහන්සේ, එනම් සියලු මහිමය, ගෞරවය, තේජස සහ පරම්පරාවෙන් පරම්පරාවට සදකාලික සිංහාසනය හිමි තැනැන් වහන්සේට මහිමය වේවා. ආමෙන්.

ආචාරය

සහෝදරවරුනි, යේසුස් ක්‍රිස්තුස්ගේ ශුභාරංචියේ ධර්ම ඉගැන්වීම්වලට අනුව ඔබ ගමන් කරන අතර, අපි ඔබට සියලු සතුට ප්‍රාර්ථනා කරන්නෙමු. පියාණන් වන දෙවියන් වහන්සේට සහ ශුද්ධාත්මයාණන් වහන්සේ සමග උන්වහන්සේටද මහිමය වේවා! උන්වහන්සේගේ තෝරාගත් ශුද්ධ සෙනගගේ ගැලවීම උදෙසා, ආශිර්වාද ලත් පොලිකාප්තුමා දුක් විඳි ආදර්ශය අනුගමනය කරන අප සියලු දෙනාමත් යේසුස් ක්‍රිස්තුස් වහන්සේගේ රාජ්‍යයෙහි දක්නට ලැබේවා!

මේ දේවල් කායස් විසින් ඉරේනියස්ගේ (පොලිකාප්තුමාගේ ගෝලයෙකු වූ) පිටපතෙන් සම්පාදනය කරන ලදී. එතුමා ඉරේනියස් සමග ඉතා සමීපව සිටි අයෙකි. සොක්‍රටීස් වන මම කොරින්තියෙහිදී කායස්ගේ පිටපතෙන් ඒවා ලියුවෙමි. අනුග්‍රහය ඔබ සියල්ලන් සමග පවතීවා.

පියෝනියස් වන මම නැවතත්, ඒවා ගැන හොඳින් සොයා බලා කලින් ලියා ඇති පිටපතෙන් ඒවා ලියුවෙමි. එසේම ආශිර්වාද ලත් පොලිකාප්තුමා විසින් එළිදරව්වක් තුළින් ඒවා මා හට ප්‍රකාශ කරනු ලැබ ඇත. මම මේ දේවල් එක්රැස් කළෙමි. කාලයාගේ ඇවෑමෙන් ඒවා පරිහානියට පත් වී තිබුණද, ස්වාමීන් වන යේසුස් ක්‍රිස්තුන් වහන්සේද උන් වහන්සේගේ තෝරාගත් අය සමග මාද උන් වහන්සේගේ ස්වර්ගීය රාජ්‍යයට රැස් කරනු ඇත. පියාණන් වහන්සේ සහ ශුද්ධාත්මයාණන් වහන්සේ සමග උන් වහන්සේටද සදාකාලයෙන් සදාකාලයට මහිමය වේවා.

www.ingramcontent.com/pod-product-compliance
Lightning Source LLC
Chambersburg PA
CBHW051338120626
46547CB00016B/2593
* 9 7 8 1 9 6 0 8 4 0 2 6 4 *